Uwe Beck

Erst der Kamm schuf den Zerzausten

!

Uwe Beck

Erst der Kamm
schuf den Zerzausten
!

Gedichte,
Aphorismen
und andere Nacht-Gedanken

VERLAG ALLGÄU

„*Ein Freund erzählte mir, daß er durch das Vorlesen*

einer meiner Bücher

die Frau für's Leben gefunden hat;

das zähle ich zu meinen schönsten Erfolgen,

denn wie leicht hätte ich selbst

in diese fatale Situation geraten können!"

(Karl Kraus)

Vorwort

Schreiben wir nicht alle heimlich Gedichte ?

Schluß damit! Schluß mit der Heimlichkeit! Denn: Wer Bücher schreibt, braucht – jedenfalls meistens – eine Idee, Gedanken, Schreibgefühl. Wer Gedichte veröffentlicht, dazuhin Mut.

Und noch ein Unterschied: Werden „andere" Bücher meist in einem bestimmten Zeitabschnitt geschrieben, braucht man für Gedichte das halbe Leben. In kürzerer Frist sind sie nicht zu haben.

Nach Doktorarbeit, Meditationen und lustigen Kirchen-Abenteuer-Büchern lege ich nun Gedichte und Aphorismen der Öffentlichkeit vor. Wer Gewohntes sucht, kann demnach nicht fündig werden. Wer Überraschungen liebt, wird hingegen belohnt.

Thomas Stemper, ein aufstrebender Künstler, zeichnet für das Layout verantwortlich. *Helmut Rössler,* ein Freund aus alten Schwäbisch Gmünder Tagen, hat den Buchtitel beigesteuert. Beiden bin ich zu großem Dank verpflichtet.

Illerkirchberg, im Sommer 2000

U.B.

KAPITEL I

WORT FÜR WORT
Gedichte und Verfremdungen

Pula

die sonne
wagt
den untergang

keine trauer erkennbar
gelassenheit darob

wolken geben hilfestellung
dämmerung warm
im hafen
nun

segel-schiffe läßt das kalt
sie lächeln
scheinbar
alles nur spiel

ein untergang auf zeit
ist keiner

Ein Vogel streicht
den Himmel
durch
per Flug

Gedanken gelingt das umgekehrt
ganz unbemerkt

Vogel und Gedanken fliegen leicht
weil ein Himmel
ist
genug

Als

als du kamst
konnte ich leben
endlich
gerettet
aus bars und kneipen
ohne rechnung noch:
was du mir nahmst
das hast du mir gegeben

als du bliebest
konnte ich leben
leidlich
angekettet
an dich und deinesgleichen
zwischensumme schon:
was du mir gabst
das konnt' ich dir nicht geben

als du gingst
konnte ich leben
weidlich
umgebettet
in mich und meinesgleichen
per saldo nun:
was ich dir gab
das kannst du mir nicht nehmen

Mehr

'du weißt mehr von mir
als ich
über mich
zu erfahren
erahne

nur kurze zeit

ich lieb' dich mehr
als du
zu wissen
glaubst

Einsamkeit

Selbstgespräch bei Dunkelheit
Halbschwester des Todes
Klagelied meist stumm

Kein Schimmer
der glänzt

Kein Leben
das pulst

Kein Schrei
der erschreckt

So nur
kann ein Mensch
verblühn

Danke

Danke für den Blick zur Uhr
Danke für dein ,Nein', dein ,Nur'
Danke für dein Schweigen spät
Danke dass es geht

Danke für dein Lachen scheu
Danke für dein Bleiben treu
Danke für dein Mißverstehn
Danke für dein Übersehn

Danke für dein Morgenmuffen
Danke für Kartoffelsuppen
Danke für dein Reden spät
Danke dass es weiter geht

LUKAS 10

(für gerhard müller
zum abschied vom zdf)

ein mann ging in die öffentlichkeit
und fiel unter die journalisten
sie schlugen ihn
mit schlag-zeilen
mitten ins gesicht
und liessen ihn
gerüchtehalber
halb tot liegen
auf einem BILD
hielten sie ihn fest

da kam ein mann des weges
leit-artikler
blickte auf
blicke in
einen kalender
der von terminen voll

heute
zwanzig uhr
stadthalle
hamburg
vortrag
vom ethos des journalisten
zu einem aktuellen thema angemerkt
keine ZEIT
sagte er
keine ZEIT
und er ging weiter

da kam ein mann des weges
chef auch er
reporter-blick und reporter-ohren
flink
und fragte –
nach den tätern

in der zeitung dann
(mit *stern-chen feige)
mit scharfen worten
die forderung
nach schärferen gesetzen
und er ging weiter

da kam ein mann des weges
volontär seit tagen
ausgesandt
vom jubiläum zu berichten
kirchenchor
scheiss-job
hundert zeilen
hundert zeilen
höchstens
mit foto
von den ehrungen
bitte lächeln

und er sah ihn
und er hatte mitleid mit ihm

am nächsten tag
gab's im blatt
keine zeile
eben

Im konkreten Einzelfall
ist immer alles möglich.

Was schief gehen kann,
geht schief.

Ob Auschwitz nochmal passieren kann?
Es ist einmal geschehen,
folglich wird es wieder geschehen.

Eine Beziehung lebt davon,
worüber man spricht,
und davon,
worüber man schweigt.

Noch sind die Nächte länger als der Tag
Doch Tag wird kommen
Dunkelheit zu lindern
Ein paar Stunden nur

Dann sind die Tage länger als die Nacht
Doch Nacht wird kommen
Licht zu mindern
Auf eines Augenblickes Spur

Habe gekauft:
Bett Schrank Tisch Stuhl zweimal
Folgenlos

Habe verschenkt:
Zeit und Mich zweimal
Sorgenlos

Will nicht kaufen mehr
Will schenken her
Folgenschwer und Sorgen Wehr

SEIN

ODER

ALLEIN-SEIN

(Eine Trilogie)

I.

Ich bin immer allein,

besonders in Gesellschaft

II.

ANZEIGE

„Bin aufgebrochen
im doppelten Sinne,
unterwegs zu neuen Erkenntnissen.
Welcher psychotherapeutisch interessierte
Mann
(bis ca. 37 Jahre)
im Raum Ruhrgebiet,
ist an einer gemeinsamen Selbsterfahrung in-
teressiert,
an einer Entdeckung seiner und meiner wesen-
haften Struktur
in Verbindung mit einem liebenden Gott
auf der Suche nach einer lebendigen,
echten partnerschaftlichen Beziehung,
die sich von Selbstannahme und gegenseitiger
Annahme
fließend nährt?

Bin Anfang 40,
Sie,
mache gerne Verbindung über Gespräche,
im Augenblick nicht sehr dynamisch,
musiziere
und möchte in Einfachheit leben.
Ich freue mich auf Ihre Antwort.
Chiffre 088863."

(Aus: Publik-Forum 8/1988)

Ein bißchen viel Worte.
Fragen habe ich.
Was wird in Wahrheit gesucht?
Ein Psychotherapeut?
Mit neuen Erkenntnissen gar?
Schließt nicht das eine das andere aus?
Und warum diese Alters-Apartheid
(„Mann bis ca. 37 Jahre")
bei einer Frau („Anfang 40")?

Was soll sich denn „gegenseitig", ja „fließend
nähren",
wenn die „Selbstannahme" erst (!)
noch gesucht werden soll?
Daß man „gerne Verbindung über Gespräche
macht"
(mein Gott, diese Sprache!),
das will ich gerne glauben.
Wie daraus „gemeinsame Selbsterfahrung"
werden kann,
ist wohl nur
über Gespräche unterwegs
fließend zu nähren.
Im Augenblick freilich nicht sehr dynamisch.

So viele Worte,
frage ich,
vor allem aber,
warum sie nicht einfach sagt:
Ich bin so allein.

III.

Was ich suche,

das finde ich nicht;

und was ich gefunden habe,

das habe ich nicht gesucht.

> „Kurzweil in Dessau!
> In diesem Jahr wäre Kurt Weill 100 Jah-
> re alt geworden – wenn er nicht schon im
> Alter von 50 Jahren gestorben wäre."
> (aus: DB-mobil, Feburar 2000, S. 28)

*Klingt einleuchtend. Irgendwie. Zum Glück ist
Kurt Weill ‚nicht schon', sondern ‚rechtzeitig'
gestorben; so mußte er die Lobhudelei eines
Schreiberlings der Sonderklasse nicht auch
noch lesen.*

*Kurt Weill wäre in diesem Jahr auch dann
100 Jahre alt geworden, wenn er erst mit
82 Jahren gestorben wäre, oder schon 5 Jahre
nach seiner Geburt.*

*Und vor allem: Kurt Weill wäre in diesem Jahr
sogar dann 100 Jahre alt geworden, wenn er
überhaupt nicht gestorben wäre!*

dies natalis
(oder: Weihnachten 1989)

Die Statistik sagt: Geburtenüberschuss
Die Liebe sagt: Ein Kind

Die Medizin sagt: Extrakorpurale Befruch-
tung
Die Liebe sagt: Ein Kind

Die Theologie sagt: Jungfrauengeburt
Die Liebe sagt: Ein Kind

Die Liebe sagt: Ein Kind

Auftritt

Milde Form der Prostitution
120 Minuten
zwei Zugaben
erklatscht

Strichjunge im Rampenlicht
(sozialverträglich)
Seelen-Striptease mit
Musik

kurzer Jubel
genügt

Ob ich
‚vom Schreiben'
leben könne,
werde ich oft gefragt.

Natürlich nicht.

Ich bin nur überrascht,
wie lange man
nicht stirbt.

Fort-Schritt

Ich werde Dich nie belügen

Ich werde Dich nie betrügen

Ich wird Dich nie verlassen

Ich werde Dich nie vergessen

KAPITEL II

DAS ZWEITLETZTE WORT

Aphorismen

Wer suchet,

erfindet.

Anrüchige Definitionen

(Eine Trilogie)

Unter den Eunuchen

ist

der Eineiige

König

!

Sex

Sex

ist

ohne Liebe

eine

nackte Tatsache

!

Ein neues Gebot
(6a)

Liebe Deine Nächste nicht!

Was bleibt einer Prostituierten

unterm Strich

?

Die Staatsgewalt

ging

dem Volke

aus

Wahrheit

Bei Wahlen

gibt

der Bürger

seine Stimme

ab

!

Es lohnt nicht,

mit Optimisten zu streiten

!

Redlichkeit –

Ehrlichkeit im Reden

Erfolg ist langweilig.
Nichts langweiliger,
als das.
Was kümmert
der Reiche,
Satte,
die Fratze der Sieger?
Weg damit!
Und jedermann
ab einer bestimmten Einkommenshöhe
ist verdächtig!

„Für wen halten Sie mich?"

„Für den, der Sie in Wahrheit sind!" –

„Das ist eine Unverschämtheit!"

Besser

*Die Resozialisierung von Straftätern beginnt
mit dem ersten Tag der Haft.
Statt sie einzuschließen, wäre es besser,
sie wieder einzuschließen.*

Wer

über's Ziel

hinausschießt,

bei dem stimmt

- wenigstens -

die Richtung

!

Ehe

Ein Mensch kann versprechen,

nicht zu suchen,

aber nicht,

nicht zu finden.

Mit Leidenschaft lieben

?

Lieben

schafft

Leiden

mit

!

Ein

,Ich liebe Dich!'

ist flüchtig.

Erst ein

,Mit einer solchen Krawatte gehst Du mir

heute nicht aus dem Haus!'

läßt wirklich hoffen!

Es gibt

immer weniger

zu

sagen

Wozu denn heiraten

?

Ich bin noch

viel

zu jung

für eine Scheidung

!

Man kann ohne Frau leben,

nicht aber ohne Frauen

Gleichgültig

Was immer auch

man einer

Frau

in den Mund legt –

es bleibt nicht drin

!

Hinter jeder Drohung

steckt ein Angebot,

das angenommen werden sollte.

Man fällt einer Frau
zuerst
um den Hals,
dann
in die Hände,
und wird
schließlich
von der Hand geschlagen,
um die man
dereinst einmal
angehalten hat.

Warum leidet der Mensch

?

Weil er liebt.

Warum liebt der Mensch

?

Vermutlich,

weil er nicht sterben will.

Ist Nähe

eine Form von Abstand

oder Abstand

eine Form von Nähe

?

Sage einer,

amerikanische Serien

hätten

keine Folgen

!

,Geschenk'

heißt im Englischen

,gift'.

Das leuchtet ein.

Man muß oft verlieren,

bis man endgültig nicht gewinnt

Denk' von anderen immer das Schlechteste!

Es lohnt sich!

Man kann auch

den

Mantel der Nächstenliebe

nach dem Winde hängen

!

Eine Frau sagt

,Nein',

eine Dame

,Nicht doch!'

Die meisten Christen sind

nur

ganz passable Heiden

!

Demokratieversuch

Wer wählt den Papst?
Die Kardinäle!

Und wer wählt die Kardinäle?
Der Papst!

Sehen Sie, das ist Demokratie
in der katholischen Kirche.

Kirchen-Wandlung

Christus nachzufolgen, ist die Losung. Ihm zu begegnen, Voraussetzung. Ihn nicht aus den Augen zu verlieren, der Wunsch.

Neuerdings pflegt man seine Gottesanliegen an Ort und Stelle direkt vorzutragen. Das wird nicht überall gern gesehen. Ein Zwischenhandel namens Kirche mischt sich ein, redet mit und verteuert unnötig die ganze Unternehmung. Man weiß das aus tausend Gelegenheiten.

Abschwung im Kirchen-Engagement. Was einst mit großer Begeisterung starten konnte, mutiert zum Ausdruck eines Protestes. Ein Katholik hat heute seine Lebensleistung in Sachen ,Kirche' erbracht, wenn er der Bitterkeit zu widerstehen vermag.

Ich habe mich längst damit abgefunden,

katholisch zu sein

Die Bischöfe sind die

recht mäßigen

Nachfolger der Apostel

„Mädchen dürfen nicht ministrieren!"

„Priester dürfen nicht heiraten!"

———————

In der Katholischen Kirche

gibt es

- ganz offenkundig -

ganz unterschiedlich große Dummköpfe

!

So mancher fühlt sich

zum Priester

berufen –

und hat sich

- in Wahrheit -

nur verhört

!

Es kommt immer darauf an,

wohin man ein Gesetz beugt –

nach hinten

oder

nach vorn

!

Gute Geister
werden
schlecht bezahlt

Die Theologie der Befreiung

wird

von Kardinal Ratzinger

mit großer Aufmerksamkeit

verfolgt

!

Was Kardinal Ratzinger glaubt –

das weiß der Teufel

!

Was Politiker sagen,

muß nicht

stimmen.

Es muß

Stimmen

bringen

!

Wenn ein Politiker
die Wahrheit sagt,
bleibt meist offen,
wer genau
ihn dafür
bezahlt hat

Die Steuern werden im nächsten Jahr erhöht.

Das geht aus einem

Dementi

des Finanzministerium hervor.

Wer öffentlich redet, verschweigt –
schaut dahin - ganz genau -
und laßt das andere unberührt.

Wer schreibt, lenkt ab.

Wer in der Sprache

zu sich

kommt,

der ist in Sicherheit

Erst der Kamm

schuf

den Zerzausten

!

Die großen Dinge des Lebens

gelingen ohne Triumph

Verstehen ist beschenkt werden,

Ergebnis eines Opfers.

Schluss -

(demütiger)

Wer dem Worte traut,

kann der Verletzlichkeit

nicht entgehen

KAPITEL III

WORT-GEWALT

Dialog und Rede

„Da fehlt ein Komma!"

Eine ganz normale Kirchengemeinderatssitzung

Vorsitzender: „Meine lieben KGR-Kolleginnen und -kollegen. Ich begrüße Sie alle recht herzlich. Die Tagesordnung ist lang; darum steigen wir gleich ein in TOP 1: Annahme des Protokolls der Sitzung vom vergangenen Monat. Wer damit einverstanden ist, den bitte ich um ein Handzeichen."

Frau Leichner: „Auf Seite 4 fehlt in der dritten Zeile von unten nach dem Wort ‚Verordnung‘ ein Komma."

Vorsitzender: „Ich bitte, das Komma handschriftlich nachzutragen und dann das Protokoll anzunehmen."

Herr Weinmann: „Ich finde in der dritten Linie das Wort ‚Verordnung‘ überhaupt nicht!"

Frau Leichner: „In der dritten Linie von unten. Ist das denn so schwer, Herr Oberstudienrat!?"

Herr Weinmann: „Ich verbitte mir jede Form von Rassenhass in einem kirchlichen Gremium!"

Frau Nübing:	„Nun macht schon, hin oder her, mit oder ohne Komma – das ist schließlich egal. Wegen eines pobligen Kommas sollten wir keine wertvolle Beratungszeit verlieren."
Frau Heinrichs:	„Nein, nein, gerade die Kleinen dürfen wir als kirchliches Gremium nicht vergessen. Auch Jesus hat das Geringe geachtet. Denken Sie nur an dessen Umgang mit Kindern!"
Vorsitzender:	„Das ist aber jetzt nicht unser Thema!"
Frau Heinrichs:	„Das habe ich auch nicht behauptet! Man wird ja wohl noch in einer Sitzung des Kirchengemeinderates das Wort ‚Jesus' erwähnen dürfen, ohne gleich attackiert zu werden. Wir sprechen in unseren Zusammenkünften sowieso viel zu selten von IHM!"
Herr Weinmann:	„Herr Vorsitzender, darf ich als studierter Germanist mal was zu unserem Problem sagen. Nach meinem Dafürhalten ist Komma wie Nicht-Komma möglich. Der erweiterte Infinitiv darf nach der Rechtschreibreform, gegen die ich mich als Freund der Literatur immer leidenschaftlich gewehrt habe, auch ohne Komma stehen. Insofern sehen Sie mich auf der Seite der Protokollantin."

94

Frau Leichner: „Dann können wir unsere Protokolle in Zukunft ohne Kommas schreiben?"

Herr Weinmann: „Kommata!"

Frau Leichner: „Wie bitte?"

Herr Weinmann: „Das heißt Kommata, nicht Kommas!"

Frau Nübing: „Zum Glück gibt es in unserem Gremium neben dem Herrn Pfarrer noch einen weiteren Studierten!"

Herr Weinmann: „Wie darf, ja wie muß ich das jetzt verstehen? Muß ich erneut verbitten?"

Vorsitzender: „Bloß nicht!"

Herr Weinmann: „Es gibt Mindeststandards auch in einem kirchlichen Gremium. Mit einem falsch gesetzten Komma fängt es an, und mit Beschlüssen, die gegen das kirchliche Gesetzbuch verstoßen, hört es auf. Nein, nein, die intellektuelle Redlichkeit darf nicht unter den Tisch fallen, auch nicht unter den Altar, wenn Sie so wollen. Das ist für mich als wissenschaftlich arbeitender Mensch eine ‚conditio sine qua non'!"

Frau Heinrichs: „Was heißt jetzt das schon wieder?"

Frau Leichner: „Das weiß ich auch nicht – ich kann kein grie-
chisch!"

Frau Nübing: „In jedem Fall war das mal wieder ein ganz un-
nötiges Fremdwort."

Frau Leichner: „Wissen Sie eigentlich, daß von Jesus über-
haupt kein Fremdwort überliefert ist? Jedenfalls
steht keines in meinem ‚Bibel-Abreiß-Sprüche-
Kalender für jeden Tag'."

Herr Weinmann: „Ich frage mich schon die ganze Zeit, warum
ich hier immer angegriffen werde. Schließlich
bin ich in freier und geheimer Wahl in dieses
Gremium gewählt worden."

Frau Nübing: „Aber mit weniger Stimmen als ich!"

Herr Weinmann: „Ja, ja..."

Frau Nübing: „Sie haben den Sprung in diesen Kirchenge-
meinderat nur als Nachrücker gepackt..."

Herr Weinmann: „...ja, ja..."

Frau Nübing:	„Herr Oberstudienrat, lassen Sie mich ausreden! Und wenn Frau Hierle nicht auf so tragische Weise von uns fortgerissen worden wäre, dann säße sie als allzeit geschätzte Kollegin noch mit hier mit am Tisch!"
Herr Weinmann:	„Herr Vorsitzender, jetzt sagen sie doch auch mal was!"
Vorsitzender:	„Zurück zur Sache!"
Herr Weinmann:	„Genau! Für mich jedenfalls gibt es zwei Bedingungen für die weitere Mitarbeit in diesem Gremium. Zum einen müssen auch Beamte als Menschen gelten. Zum weiteren: Zum Teufel mit dem Komma! Das sind meine unabdingbaren Bedingungen – zwei ‚conditiones sine quibus non' – wenn Sie so wollen!"
Vorsitzender:	„Sicher."
Frau Nübing:	„Jetzt reicht's mir langsam. Wir können doch nicht stundenlang ohne Punkt und Komma über ein Komma reden, das noch nicht einmal da steht!"
Herr Weinmann:	„Fehlt das Komma auf der Seite 4 von oben oder auf der Seite 3 von unten?"

Vorsitzender:	„Ich bitte um etwas mehr Ernsthaftigkeit. Wir stehen, wie mir scheint, unmittelbar vor der Lösung des Problems."
Herr Weinmann:	„Ja, wo stehen wir denn genau?"
Vorsitzender:	„Unmittelbar vor der Abstimmung. Ich bitte um ein Handzeichen. Wer ist dafür, das Komma reinzuschreiben? – Fünf. Und wer ist dagegen? – Fünf."
Herr Weinmann:	„Genau das habe ich mir gedacht! Jetzt geht die ganze Scheiße wieder von vorne los."
Vorsitzender:	„Herr Weinmann, ich muß doch sehr bitten. Gerade von Ihnen als potentiellen Schulleiter hätte ich das am wenigsten gedacht!"
Frau Leichner:	„Ja wenn das so ist, dann stimme ich jetzt eben gegen das Komma."
Frau Nübing:	„Sie pflegen recht schnell umzufallen, wie mir scheint. Mit ihrem Verhalten können Sie sich nicht auf unseren Herrn Jesus berufen. Der ist nie umgefallen!"
Vorsitzender:	„Wenn wir – wie in der Geschäftsordnung unseres Gremiums festgelegt – pünktlich um 22.00

Uhr Schluß machen wollen, um bei einem Glas Wein noch gemütlich zusammen sitzen zu können, dann muß jetzt eine Entscheidung her!"

Herr Weinmann: „Ganz recht, Herr Pfarrer, ganz recht!"

Vorsitzender: „Also, wenn ich recht sehe, dann ist Frau Leichner in neuer Rekord-Geschwindigkeit ins Lager der Komma-Gegner übergelaufen."

Frau Leichner: „Also, so würde ich das jetzt auch wieder nicht formulieren."

Vorsitzender: „Mein Gott, Sie wissen doch, was ich meine."

Herr Weinmann: „Dann bleibt's also bei der Entscheidung 6:4 gegen das Komma auf Seite 4 in Zeile 3 von oben ..."

Frau Nübing: „...von unten!"

Herr Weinmann: „... von wo aus gerechnet?"

Vorsitzender: „Ich schließe damit unsere heutige Sitzung mit der Bitte, diesen wichtigen Beschluß schriftlich zu fixieren."

Herr Weinmann „Wer schreibt eigentlich diesmal das Protokoll?"

„Ich könnt' meine Schwester umbringen!"

Durch die nachmittäglichen Talk-Shows gezappt – und hängengeblieben

Ilona Christen:	„Guten Tag, liebe Zuschauer, schön, daß Sie heute wieder Gast bei mir sind. Wenn Sie zwei Schwestern sind, dann ist mein heutiges Thema was für Sie. ‚Ich könnt' meine Schwester umbringen!', sagt Claudia, unser erster Gast. Warum eigentlich, Claudia?"
Claudia:	„Meine Schwester war in der Schule immer besser als ich, hatte viel früher einen Freund als ich, und meine Mutter – die was unsere Mutter ist – hat sie über 14 Jahre lang bevorzugt."
Jürgen Fliege:	„Das hat sicher ganz tiefe Narben bei Dir ausgelöst."
Claudia:	„Das weiß ich jetzt nicht mehr so genau, aber meine Schwester, die blöde Kuh, ich könnt' sie umbringen!"

Ilona Christen:	„Schwesternliebe der eigenen Art, liebe Zuschauer. Doch hören wir Elfriede, die Schwester von Claudia. Herzlich willkommen, Elfriede. Was sagst Du zu Claudia, wenn Du das jetzt so hörst, was sie so sagt, so über Dich?"
Elfriede:	„Claudia war schon immer so. Sie hat immer geglaubt, daß ich was besseres bin, was ja auch stimmt. Aber bevorzugt worden bin ich nie – ich bin halt nicht so fett wie sie und laufe auch nicht wie eine Schlampe durch die Gegend..."
Claudia:	„Wer hat denn mehr Taschengeld gekriegt für Kleider und all' den anderen Fummel?"
Elfriede:	„Ich hab' mein Geld nicht für Zigaretten und Kondome ausgegeben, so wie Du!"
Claudia:	„Ich? Ich mach's immer ohne Kondome! So was hab' ich nicht nötig. Du natürlich, mit Deinem häufig wechselnden Geschlechtsverkehr..."
Hans Meiser:	„Elfriede, hast Du mal als Prostituierte gearbeitet?"

Elfriede:	„Nein, aber so hat sie mich immer hingestellt – weil ich viele Freunde habe, und sie kriegt keinen davon ins Bett. Sie ist halt eine Nymphomanierane, oder wie das heißt!"
Jürgen Fliege:	„Bedenkt bitte: Auch leibliche Schwestern sind Geschöpfe Gottes!"
Claudia:	„Nicht bei meiner Schwester! Die nicht! Die ist das nicht, was der Herr Fliege ‚grad gesagt hat! Wenn die nicht sofort ihr Maul hält, dann..."
Arab. Kiesbauer:	„Nein, Claudia, nein, in meiner Sendung darf jeder seine Meinung sagen. Soviel Toleranz, zum Beispiel gegenüber Schwarzen, muß sein!"
Elfriede:	„Was hat meine Schwester mit Toleranz zu tun? Null!"
Claudia:	„Was hat meine Schwester mit Schwarzen zu tun? Also, da weiß die Arabella Kiesbauer mehr als ich. Aber möglich ist auch das!"
Jürgen Fliege:	„Irgendwann, ganz am Anfang meine ich, müßt Ihr doch mal richtige Schwestern gewesen sein, oder wart Ihr von Beginn an wie Kain und Abel?"

Claudia:	„Wer is'n das?"
Andreas Türck:	„Hi, hi, hi!"
Vera am Mittag:	„So, da hinten hat ein Zuschauer eine Frage. Moment, das Mikrophon, jetzt!"
Zuschauer:	„Ich hab' ne Frage für Claudia. Also, ich denke, Du bist das ärmste Schwein der Welt. Sei doch froh, daß Du überhaupt ‚ne Schwester hast..."
Bärbel Schäfer:	„Claudia, willst du direkt da drauf was sagen? Doch vorher machen wir eine ganz, ganz kleine Pause. Bleiben sie dran!"
Andreas Türck:	„Claudia, wie willst Du Deine Schwester eigentlich umbringen, ich meine ..."
Claudia:	„Mit ‚nem Messer!"
Oliver Geissen:	„Also, mit ‚nem richtigen Messer, und so?"
Claudia:	„Zack, zack!"
Jürgen Fliege:	„Ich wünsche Euch Beiden Gottes reichen Segen!"

Elfriede:	„Wenn der da oben, der Gott, uns gemeinsam segnen will, dann will ich mich ducken, damit ich nix davon abkriege!"
Hans Meiser:	„Wir von RTL spendieren Euch beiden ein Versöhn-Wochenende in Wanne-Eickel!"
Claudia:	„Geh ich nicht hin!"
Elfriede:	„Geh ich nicht mit!"
Jürgen Fliege:	„Aber einer, der geht immer mit Euch mit. Paßt also gut auf Euch auf!"
Ilona Christen:	„Danke, daß Ihr da wart! Kommt mal wieder. Wenn irgend möglich – zu zweit!"

„Eigentlich wollte ich heute gar nicht zu Ihnen sprechen!"

Jahresabschlußrede im Rahmen der Weihnachtsfeier des Lehrerkollegiums an der Valckenburgschule Ulm, 17.12.1999.

Sehr geehrte Frau Oberstudiendirektorin,
sehr geehrter Herr stellvertretender Schulleiter,
werte Mitglieder der erweiterten Schulleitung,

(Unruhe)

meine Damen und Herren,
liebe Kolleginnen und Kollegen,
liebe Referendare!

(Entspannung)

Es ist schöner Brauch, am Ende eines Jahres gemütlich, teilweise sogar besinnlich zusammen zu kommen, den Alltag dabei kühn zu ignorieren, durch die gemeinsame Einvernahme mehrerer alkoholischer Getränke im Kreise der Kollegen ein kräftiges Zusammengehörigkeitsgefühl zu erzeugen – aber besinnlich! Gegen später verbunden mit etwas Schabernack!

(Im Hintergrund wird eine Flasche Wein entkorkt)

Eigentlich wollte ich heute gar nicht zu Ihnen sprechen.

(Zuruf des Kollegen K. von ganz hinten: „Das wäre für uns alle auch besser gewesen!")

Es war die Frau Oberstudiendirektorin, die meine ursprünglich getroffene Entscheidung zu korrigieren die Gründe zu haben glaubte es den Anschein hatte.

(Erneute Unruhe, gepaart mit einiger Skepsis)

Sie erinnere sich noch gerne an die letzte Rede vom vergangenen Jahr, einige Passagen derselben hätten sie „freudig erregt" ...

(„Ho-Ho"-Stimmen von ganz links)

„...und ob ich bei den Attacken gegen ihren Vertreter im Amte heuer nicht ein klein wenig mehr Anlauf nehmen könne.

Liebe Kolleginnen und Kollegen, dieses Gespräch mit der Chef-Kollegin hat so nie stattgefunden. Aber: Dass es hätte so stattfinden können – ja das ist doch interessant!"

(Doch zögerlicher Beifall)

Doch muß ich die bestbezahlteste Kollegin unserer Lehranstalt enttäuschen. Im Focus meiner Ausführungen heute abend steht ein anderes Problem. Im neuen Jahr, vor dessen Ankunft wir fast unmittelbar stehen, treffen wir auf parallele Ereignisse von nachgeradezu bestürzender Dramatik.

(Auch das Geschwätz in den hinteren Reihen findet nun ein Ende)

Ich nenne zwei Zahlen. 125 Jahre Valckenburgschule, und: 2000 Jahre Christentum!

Ein Zufall? Ein Fingerzeig der Heilsgeschichte? Oder noch schärfer gefragt: Was will Gott uns mit dieser Schule sagen?

(Die hinteren Reihen beginnen zu schunkeln)

Fragen über Fragen, und wie immer bleibt's dabei!

Ich komme zum nächsten Punkt.

Ich nutze den Augenblick zur bitteren Klage. Als Theologe, als Religionslehrer hat man ja wenig Probleme mit den Schülern. Dafür umso mehr mit der werten Kollegenschaft. In diesem Fach müsse man als Schüler nichts wissen, nur viel glauben, weiß da eine Kollegin aus der naturwissenschaftlichen Abteilung, man zeige da vor allem Filme, weiß ein anderer besser, und gute Noten bekomme man da sowieso nachgeschmissen.

(Zuruf: „So ist es doch – ganz genau!")

Ich kann den hier zitierten – im Grunde böswilligen – Sprüchen aus Zeitgründen nicht näher nachgehen. Zum Gesamtkomplex nur soviel: Der Religionsunterricht ist das einzige Schulfach, das in unserer Verfassung namentlich erwähnt wird, somit Verfassungsrang besitzt!

(Ungläubiges Staunen)

Ich gehe dieser bestürzenden Aussage in dieser Stunde einmal auf den Grund.

Da Sie vermutlich – von den Gemeinschaftskundelehrern einmal abgesehen – kein Grundgesetz zur Hand haben dürften, trage ich den entsprechenden Artikel unserer Verfassung komplett vor.

In Artikel 7 heißt es dort sehr schön: „Der Religionsunterricht ist in den öffentlichen Schulen ... ordentliches Lehrfach."

Liebe Kolleginnen und Kollegen, von Mathematik, von Physik oder gar Chemie/Ernährungslehre ist da nicht die Rede! Nur Religion – ich betone: Nur der Religionsunterricht besitzt in unserem freiheitlich-demokratischen Rechtsstaat Verfassungsrang.

(Zuruf: „Das darf doch nicht wahr sein!")

Spricht man betroffene Fachvertreter der naturwissenschaftlichen Abteilung auf diese im Grunde bestürzende Tatsache an, dann werden diese regelrecht frech. Die Berechtigung seines Faches und der anderen Fächer im Kanon der Schule – so ein langjähriger Rechenlehrer unserer Anstalt – diese Frage sei entschieden, aber nicht geklärt.

Entschieden, aber nicht geklärt. Diese Argumentationsstruktur ist mir gut vertraut aus bischöflichen Verlautbarungen und sonstigen Papstbriefen...

(Zuruf einer Kollegin von rechts, leider ob der Dunkelheit nicht zu erkennen: „Man sollte diesem frechen Lästermaul die kirchliche Lehrbefugnis entziehen!" – Widerspruch macht sich darob breit)

...jedenfalls wird auf diesem unsicheren Fundament zahllose Fächer an unserer Lehranstalt frech unterrichtet, und dies ohne jedwede verfassungsrechtliche Verankerung.

Religion ist ordentliches Lehrfach, die anderen Fächer sind – so folgere ich rechtslogisch – unordentlich. Wird ein ordentliches Fach von ordentlichen Lehrern unterrichtet, geschieht dies bei unordentlichen Fächern ...

Ich komme zu einem weiteren Punkt.

(Zuruf: „Das höre ich mir nicht länger an!", und eine schlagende Tür)

Sollten alle anderen Fächer unserer Schule irgendwann einmal ihre Berechtigung verlieren – und ich sehe den Zeitpunkt in naher Zukunft – Religion muß unterrichtet werden, und zwar immerdar, und sei es als einziges Fach, und die ganze Woche über.

Im Grunde wäre das auch kein großes Problem. Themen gäbe es ja genug. Das ‚Gleichnis vom Sämann‘ wäre etwas für unsere Landwirte, die ‚Hochzeit zu Kana‘ könnten die Köche einige Monate beleuchten, und die Geschichte vom ‚Barmherzigen Samariter‘ dürften die Altenpflegerinnen als Bibliodrama sich aneignen.

(Zuruf: „Soweit wird es nie kommen!")

Auch für das Lehrpersonal fiele bei einer solchen Regelung etwas Frommes ab – zum Beispiel eine ganztägige Fortbildung unter dem Titel: „Liebet die, die euch verachten!" – Die Schülerschaft hätte aus gegebenem Anlaß unterrichtsfrei.

Eine Frage freilich wäre noch zu klären. Soll es der katholische oder der evangelische Religionsunterricht sein? Nun, ein Blick in das statistische Jahrbuch der Stadt Ulm für das Jahr 1998 – die Zahlen für '99 liegen noch nicht endgültig vor – gibt den entscheidenden Hinweis. In der schwäbischen Wohlfühlstadt lebten am 31. 12. des besagten Jahres 48342 katholische Bürger, hingegen nur 41745 mit evangelischem Gesangbuch. Also: Der katholische Religionsunterricht soll es sein!

(Zuruf: „Welche Statistik hast Du für dieses Märchen gefälscht?")

Diese Frage ist entschieden *und* geklärt!

Doch sind wir papsttreuen Theologen auch keine Unmenschen, wie auch. Ohne Probleme wäre – als kleiner ökumenischer Exzess! – die Möglichkeit zur Teilnahme am evangelischen Religionsunterricht am späten Freitagnachmittag gegeben.

(Zuruf von den lutherischen Religionslehrern: „Einverstanden!")

Liebe Kolleginnen und Kollegen, die Valckenburgschule hätte so auch das immer wieder eingeklagte besondere Profil: Den ganzen Tag nichts als Religionsunterricht – es wäre herrlich an unserer Lehranstalt.

Mit einem Theologen als Schulleiter, gewiß...

(Zuruf: „Das mußte ja auch noch kommen!")

...zumal sich diesbezüglich eine *hausinterne* Regelung so nicht aufzwänge, so doch anböte...

(Tumulte unter den anwesenden Studiendirektorinnen und -direktoren, schon bald aber betroffenes Schweigen)

Mit mir als Schulleiter begänne der morgendliche Unterricht wie von altersher gewohnt mit einem Gebet, und zukünftige Schulfeste würden von Programmpunkten etwa des Jahres 1999 befreit, die moralisch als nicht ganz einwandfrei gelten können: Piercing! Body-Painting! – Dann wird unsere geliebten Lehranstalt wieder das sein, was sie immer war: Eine saub're Sach'!

(Beifall, auch von links)

Meine Damen und Herren, die Valckenburgschule, oder besser gesagt: Ich...

(Zuruf: „Jetzt dreht er dann voll ganz durch!")

...jedenfalls komme ich jetzt zum Schluß.

(Beifall)

Für die allermeisten von Ihnen bietet diese Weihnachtsfeier auch eine gute Gelegenheit, Abschied zu nehmen. Bis auf die Theologen wird hier in Zukunft niemand mehr gebraucht. Ich wünsche den zahllosen Rechenlehrern und allen anderen für ihren weiteren Lebensweg alles Gute – ach was: Gottes reichen Segen – so heißt das!

(Schweigen)

Für die zukünftige Freie Katholische Valckenburgschule wird freilich ein neues Kapitel aufgeschlagen. Sie wird zur Kaderschmiede des theologischen Nachwuchses ausgebaut, weil mit Artikel 7 des Grundgesetzes endlich einmal an einer Lehranstalt wirklich Ernst gemacht wurde. Mit derartigen Perspektiven ausgestattet überkommt mich in Sachen Valckenburgschule plötzlich ein Optimismus, der mir bislang fremd blieb.

(Zuruf: „Das ist eine objektive Unverschämtheit!")

Ich danke den Verantwortlichen des Alb-Donau-Kreises wie im Bischöflichen Ordinariat zu Rottenburg für ihren richtungsweisenden Mut auf das Herzlichste, und dies in Zeiten knapper Kassen!

(Vereinzelter Beifall, der bald verstummt)

Um die Valckenburgschule ist mir somit neuerdings nicht bang. Lassen Sie uns also das Glas erheben: Die Valckenburgschule, sie lebe hoch, sie lebe auf, und überhaupt.

Ich danke Ihnen.

(Das gesamte Kollegium erhebt sich zum Schlußapplaus; der Redner wirkt verunsichert und setzt sich aus Versehen auf den Platz des stellvertretenden Schulleiters)

Inhaltsverzeichnis

Uwe Beck

Geboren 1959 in Reutlingen, Studium der Katholischen Theologie, Neuerer Deutscher Literatur und Allgemeiner Rhetorik in Tübingen und Innsbruck, Dr. theol., gelernter Pastoralreferent. Seit 1994 arbeitet er als Religionslehrer und als Freier Journalist in Sachen 'Theologie, Kirche und Religion', und dies für Zeitungen, Zeitschriften und Hörfunk. Für das ZDF und den SWR hat er einige Dokumentationen gedreht. Am liebsten aber schreibt er heitere Geschichten.

Vom gleichen Autor erschienen:

Braucht Ihr einen SündenB\ck?

Die 99 Abenteuer
eines schwäbischen Theologen
in der Gemeinde

Knödler Verlag Reutlingen, 3. Auflage 1997
72 Seiten
Mit einer Umschlagzeichnung von
Tiki Küstenmacher
DM 11,80
In allen Buchhandlungen erhältlich

Stimmen zur ersten Auflage des "Sünden-Becks":

"Uwe Beck erzählt heitere Abenteuer, Geschichten, einfach alles, was man als Theologe in einer Gemeinde so alles erleben kann, wenn man das Herz am rechten Fleck hat."

(Bayerischer Rundfunk, Schwabenspiegel)

"Im Plauderton sind sie geschrieben, die Illerkirchberger "Don-Camilladen" - Uwe Beck als Religionslehrer in Nöten, als Groß-Kopfeter mit festsitzendem Geldbeutel, als peinlich berührter Beichteier-Sammler oder feuriger Fasnetprediger. Ein reifes Werk."

(Südwest Presse, Ulm)

"Uwe Beck ist gerne der Sündenbock. Zumindest auf dem Papier. Über das Leben eines Theologen in der Gemeinde hat er humorvoll resümiert. Über den Alltag im Pfarrhaus, in der Kirche, über das Schwätzchen auf der Straße und über Fußball. Mit viel Sympathie schreibt er über seine 'Basisarbeit' in einer Kirchengemeinde."

(Schwäbische Zeitung, Ulm)

Vom gleichen Autor erschienen:

Darf's noch etwas Gebäck sein?

Neue Abenteuer
eines schwäbischen Theologen
in der Gemeinde

Knödler Verlag Reutlingen, 2. Auflage 1997
72 Seiten
Mit einer Umschlagszeichnung von
Tiki Küstenmacher
DM 11,80
In allen Buchhandlungen erhältlich

Stimmen zur ersten Auflage des "Darf's noch etwas Gebeck sein":

"Als literarisches Naschwerk legt Uwe Beck eine neue Reihe seiner abenteuerlichen Erlebnisse als Gottesmann auf der Schwäbischen Alb vor."

(Gmünder Tagespost, Schwäbisch Gmünd)

"'Die Hölle' hat Uwe Beck durchlitten, nachdem sein erstes Büchlein mit '99 Abenteuern eines schwäbischen Theologen in der Gemeinde einer breiten Öffentlichkeit, jener zwischen Beutelreusch und Mussingen, bekannt geworden ist. Daß es dem, der dieses sagt und schrieb, dennoch gelang, diese Hölle zu präsentieren, liegt wohl daran, daß seine Beziehungen zum Himmel doch besser sind, als es ihm sein Bischof zutraut."

(Schwäbische Zeitung, Ulm)

"Uwe Beck nimmt sich auch selbst immer wieder augenzwinkernd auf die Schippe. Und schmunzelnd sagt er: 'Ich habe mich längst damit abgefunden, katholisch zu sein'. Doch so unbefangen heiter klingt sie doch nicht, die 'ungehaltene Rede eines besonders ungehaltenen Theologen', mit der er seine Abenteuer abschließt."

(Katholisches Sonntagsblatt, Ostfildern)

Vom gleichen Autor erschienen:

Comeback für
Beck !

Ganz neue **Abenteuer**
eines schwäbischen Theologen
in der Gemeinde

Süddeutsche Verlagsgesellschaft Ulm, 1998
80 Seiten
Mit einer Umschlagszeichnung von
Tiki Küstenmacher
DM 12,80
In allen Buchhandlungen erhältlich

Stimmen zur ersten Auflage des "Comeback für Beck!":

"'Soschd emmer Amen - doch heit: Illau!" - So enden sie, die Fasnetpredigten des Uwe Beck in Unter- wie in Oberkirchberg. Wie sie beginnen? So, wie man den Ex-Pastoralreferenten kennt: Pastoral natürlich, nachdenklich stimmend, jedoch ebenso ironisch, bisweilen auch bärbeißig. Aber immer auf schwäbisch und mit dem frommen Wunsch, man möge ihn doch bitte nicht in Rottenburg verpfeifen."

(Südwest Presse, Ulm)

"Kirche und Humor - zusammen ein häufig gesehenes Paar? Bei Uwe Beck, dem schwäbischen Theologen aus Unterkirchberg, ja, und zwar mit schreibender Leichtigkeit. Ein Schelm, dem ,katholisch-sein Spaß macht', plaudert da zu seinen Lesern. Allerdings ein gefährlicher, denn: 'Ich spiele Fußball, bin nicht frei von Zynismus, trinke Bier und eile sonntags zur Messe', gesteht der bekennende Schelm."

(Schwäbische Zeitung, Ulm)

"In innerkirchlichen Kreisen sind die ersten beiden 'Sündenbeck-Bücher' zu einer Art Kultbücher avanciert. Jetzt legt der Theologe und Journalist sein drittes Abenteuerbuch vor - schwäbisch gereimte Narrenpredigten, Schabernack und Humor im Gottesdienst, neue Abenteuer im Religionsunterricht, Attacken in den Kirchengemeinden vor Ort. Ein Buch für Christen und andere Menschen, die das Herz am rechten Fleck haben."

(DJK-Magazin KONTAKTE, Wernau)

Vom gleichen Autor erschienen:

Selig sind die Verrückten !

**Auch Kirchenleute
sind Menschen**

AVA-Verlag, Kempten 1999
95 Seiten
Mit Zeichnungen von Thomas Stemper
DM 14,80
In allen Buchhandlungen erhältlich

Stimmen zur ersten Auflage von „Selig sind die Verrückten! – Auch Kirchenleute sind Menschen"

„Gott wollte mehr über sich erfahren, und so erfand er die Theologen!" Mit diesem Zitat beginnt Uwe Becks viertes Buch, das den Titel ‚Selig sind die Verrückten! – Auch Kirchenleute sind Menschen' trägt. Ob Gott auf 95 Seiten mehr über sich erfährt, mag einmal dahin gestellt sein. Dem geneigten Leser jedoch gewährt Beck darin einen Blick auf seine theologische Karriere und das Studium der Theologie an sich."

(Schwäbische Zeitung, Ulm)

„Er ist ein richtiger Glückspilz, der Dr. Uwe Beck aus Illerkirchberg. Er erlebte bislang soviel Humorvolles, dass er damit Bücher füllen kann. Auch als Erzähler weiß der Mann, der sich einst mit trockener Dogmatik zu beschäftigen hatte, wie man Leute zum Lachen bringt. Und dabei spielt er seine Begabung als Erzähler voll aus, macht bedeutungsvolle Atempausen, bevor er die Pointen setzt."

(Trossinger Zeitung, Trossingen)

„Uwe Beck ist ein Multitalent: Katholischer Theologe, Religionslehrer, Journalist und Autor. Sein neuestes Werk: ‚Selig sind die Verrückten! – Auch Kirchenleute sind Menschen'. Der Autor erzählt Episoden aus seinem Studentenleben in Tübingen, stellt in launiger Form das Theologiestudium vor und ergänzt alles mit neuen ‚Abenteuern des Illerkirchberger Sündenbecks'. Das Buch ist ein Hit!"

(Südwest Presse, Ulm)

Vom gleichen Autor als CD erschienen:

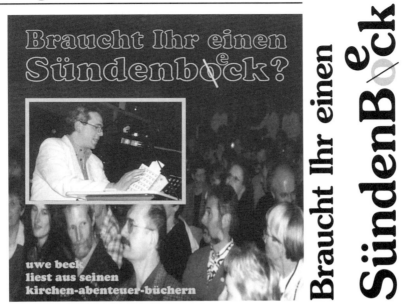

Uwe Beck liest *live* vor Publikum
aus seinen drei
Kirchen-Abenteuer-Büchern

CD-Eigenverlag 1998
DM 12,00
Die CD ist erhältlich bei Uwe Beck
89171 Illerkirchberg

126

Stimmen zur CD 'Braucht Ihr einen Sündenbeck':

"Die schönsten Geschichten und Erlebnisse eines Pastoral-referenten - im Ort bekannt als 'Paschdi', dann als 'Ex-Paschdi' - gibt es jetzt als CD. Man kann Uwe Becks Bücher also nicht mehr nur lesen, sondern hören. Ja, richtig gelesen."

(Südwest Presse, Ulm)

"Die schönsten Geschichten aus den Büchern 'Braucht Ihr einen Sündenbeck?' (1995), 'Darfs noch etwas Gebeck sein?' (1996) und 'Comeback für Beck!' (1998) gibt es jetzt als CD. Der Tonträger heißt so, wie das erste Buch der Beck-Bücher, die in Kirchenkreisen schon Kultstatus ge-nießen. Einer seiner Lesungen hat der Hobby-Fußballer und Theologe zu einer fast schon himmlisch guten CD ge-preßt."

(Wochenblatt, Ulm)